AF187390

Impressum
Verlag: BABADADA GmbH, Nedderfeld 112 , 22529 Hamburg
Geschäftsführer / Verlagsleitung: Harald Hof
Druck: Books on Demand GmbH, In de Tarpen 42, 22848 Norderstedt

Imprint
Publisher: BABADADA GmbH, Nedderfeld 112 , 22529 Hamburg, Germany
Managing Director / Publishing direction: Harald Hof
Print: Books on Demand GmbH, In de Tarpen 42, 22848 Norderstedt, Germany

escola

اسکول

sala de aulas
کمرہ جماعت
dividir
تقسیم کریں
186/2
quadro
بورڈ
pátio da escola
سکول کا صحن
professor
اُستاد
papel
کاغذ
escrever
لکھنا
caneta
قلم
escrivaninha
میز
régua
پیمانہ
livro
کتاب
aluno
شاگرد

sacola

بستہ

estojo de lápis

پینسل کیس

lápis

پینسل

apontador de lápis

پینسل شارپنر

borracha

ربڑ

bloco de desenho

ڈرائنگ پیڈ

desenho

ڈرائنگ

pincel

پینٹ برش

estojo de tintas

پینٹ باکس

tesoura

قینچی

cola

گوند

livro de exercícios

مشق کی کاپی

lição de casa

ہوم ورک

12

número

ہندسہ

2+2

somar

جمع کریں

5-2

subtrair

منفی کریں

2×2

multiplicar

ضرب دیں

calcular

شمار کریں

A

letra

خط

ABCDEFG
HIJKLMN
OPQRSTU
VWXYZ

alfabeto

حروف تہجی

palavra

لفظ

texto

متن

ler

پڑھنا

giz

چاک

hora

سبق

registro da classe

اندراج

exame

امتحان

certificado

سند

uniforme escolar

سکول یونیفارم

educação

تعلیم

enciclopédia

انسائیکلوپیڈیا

universidade

یونیورسٹی

microscópio

خورد بین

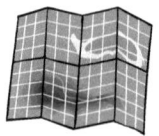

mapa

نقشہ

cesto de lixo

ویسٹ پیپر باسکٹ

hotel
ہوٹل
albergue
ہاسٹل
casa de câmbio
رقم تبدیل کرانے کیلئے دفتر
mala
سوٹ کیس
carro
کار

idioma
زبان

sim / não
ہاں / نہیں

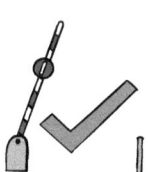

ok
ٹھیک ہے

Olá
ہیلو

tradutor
مُترجم

obrigado
شُکریہ

quanto custa...?

؟--- کی کیا قیمت ہے

eu não entendo

میں نہیں سمجھتا

problema

مشکل

boa noite!

شام بخیر!

Bom dia!

صبح بخیر!

Boa noite!

شب بخیر!

até logo

الوداع

direção

سمت

bagagem

سفری سامان

bolsa

بیگ

mochila

بیگ پیک

convidado

مہمان

quarto

کمرہ

saco de dormir

سلیپنگ بیگ

barraca

ٹینٹ

informação turística

سیاحوں کے لئے معلومات

praia

ساحل

cartão de crédito

کریڈٹ کارڈ

café da manhã

ناشتہ

almoço

لنچ

jantar

ڈنر

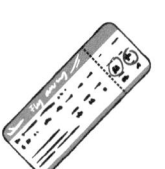

bilhete

ٹکٹ

elevador

لفٹ

selo

مُہر

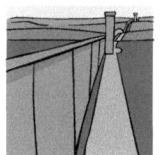

fronteira

سرحد

alfândega

کسٹمز

embaixada

سفارت خانہ

visto

ویزا

passaporte

پاسپورٹ

transporte
نقل وحمل

avião
ہوائی جہاز
navio
سمندری جہاز
carro de bombeiros
آگ بُجھانےوالی گاڑی
ônibus
بس
caminhão
ٹرک
barco a motor
موٹربوٹ
bicicleta
سائیکل
carro
کار

balsa

فیری

barco

کشتی

motocicleta

موٹرسائیکل

veículo policial

پولیس کار

carro de corrida

ریسنگ کار

carro de aluguel

کرایہ پرکار

compartilhamento de automóvel

کار کا اشتراک کرنا

caminhão de reboque

کھینچنے والا ٹرک

caminhão de lixo

کوڑے والا ٹرک

motor

کار

combustível

ایندھن

posto de gasolina

پٹرول اسٹیشن

placa de trânsito

ٹریفک کے نشانات

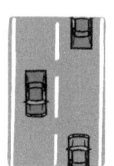

trânsito

ٹریفک

trânsito lento

ٹریفک جام

estacionamento

کار پارک

estação de trem

ٹرین اسٹیشن

trilhos

پٹڑیاں

trem

ٹرین

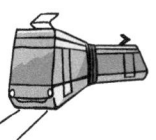

bonde

ٹرام

vagão

ویگن

helicóptero

ہیلی کاپٹر

aeroporto

ائرپورٹ

torre

ٹاور

passageiro

مسافر

contêiner

کنٹینر

cartolina

ڈبہ

carroça

ریڑھا

cesto

ٹوکری

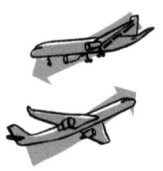

decolar / pousar

اڑان بھرنا / زمین پرأترنا

cidade

شہر

vilarejo

گاؤں

centro da cidade

سٹی سنٹر

casa

مکان

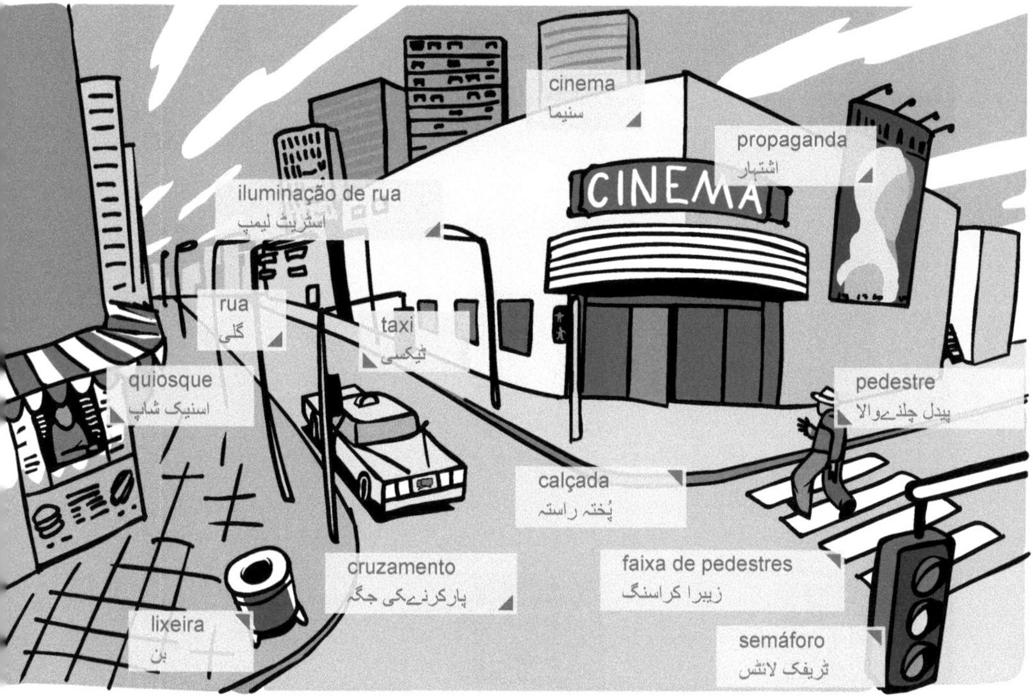

CINEMA
cinema
سنیما
propaganda
اشتہار
iluminação de rua
اسٹریٹ لیمپ
rua
گلی
taxi
ٹیکسی
quiosque
اسنیک شاپ
pedestre
پیدل چلنے والا
calçada
پُختہ راستہ
cruzamento
پارکرنے کی جگہ
faixa de pedestres
زیبرا کراسنگ
lixeira
بن
semáforo
ٹریفک لائٹس

cabana

ہٹ

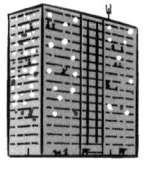

apartamento

فلیٹ

estação de trem

ٹرین اسٹیشن

prefeitura

ٹاؤن ہال

museu

عجائب گھر

escola

اسکول

universidade

یونیورسٹی

banco

بینک

hospital

ہسپتال

hotel

ہوٹل

farmácia

فارمیسی

escritório

دفتر

livraria

کتابوں کی دکان

loja

دکان

floricultura

پھولوں کی دُکان

supermercado

سُپرمارکیٹ

mercado

مارکیٹ

loja de departamentos

ڈیپارٹمنٹ سٹور

peixaria

مچھلی کی دُکان

centro comercial

شاپنگ سنٹر

porto

بندرگاہ

parque

پارک

banco

بنچ

ponte

پُل

escadas

سیڑھیاں

metrô

انڈرگراؤنڈ

túnel

سرُنگ

ponto de ônibus

بس اسٹاپ

bar

شراب خانہ

restaurante

ریسٹورنٹ

caixa de correspondência

پوسٹ باکس

placa de rua

اسٹریٹ سائن

parquímetro

پارکنگ میٹر

zoológico

چڑیا گھر

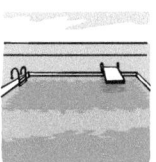

piscina

سوئمنگ پول

mesquita

مسجد

fazenda

کھیت

poluição

آلودگی

cemitério

قبرستان

igreja

چرچ

parquinho

کھیل کا میدان

templo

مندر

paisagem

منظر

folha
پتہ

placa de sinalização
رہنمائی کے لئے لگا ہوا بورڈ

caminho
راستہ

gramado
سبزہ زار

pedra
پتھر

árvore
درخت

caminhantes
پیدل چلنے والا، ہائکر

rio
دریا

grama
گھاس

flor
پھول

vale

وادی

montanha

پہاڑی

lago

جھیل

floresta

جنگل

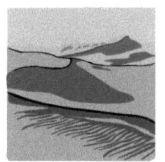

deserto

صحرا

vulcão

آتش فشاں

castelo

قلعہ

arco-íris

قوس قزح

cogumelo

کھمبی

palmeira

کجھورکا درخت

mosquito

مچھر

mosca

مکھی

formiga

چیونٹی

abelha

مکھی

aranha

مکڑا

besouro

بھونرا

sapo

مینڈک

esquilo

گلہری

ouriço

خارپُشت

lebre

خرگوش

coruja

اُلو

pássaro

پرندہ

cisne

راج ہنس

javali

سؤر

veado

ہرن

alce

امریکی بارہ سنگھا

barragem

ڈیم

aerogerador

ہوا سے چلنے والی ٹربائین

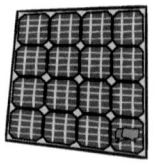

painel solar

سولر پینل

clima

آب وہوا

restaurante
ریسٹورنٹ

garçom
ویٹر
menu
مینیو
cadeira
کُرسی
sopa
سوپ
pizza
پیزا
talheres
کٹلری
toalha de mesa
ٹیبل کلاتھ

entrada
....
اسٹارٹر

prato principal
....
مین کورس

sobremesa
....
ڈیزرٹ

bebidas
....
مشروبات

comida
....
کھانےکی اشیاء

garrafa
....
بوتل

fastfood

فاسٹ فوڈ

comida de rua

اسٹریٹ فوڈ

bule de chá

چائےدانی

açucareiro

شوگرباکس

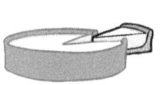

porção

حصہ

máquina de expresso

ایسپریسو مشین

cadeirão

اونچی کُرسی

conta

بل

bandeja

ٹرے

faca

چھُری

garfo

کانٹا

colher

چمچ

colher de chá

چائےکا چمچ

guardanapo

سرویئیٹی

copo

شیشہ

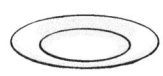

prato

پلیٹ

prato de sopa

سوپ پلیٹ

pires

طشتری

molho

چٹنی

saleiro

سالٹ شیکر

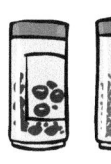

moedor de pimenta

پیپرمل

vinagre

سرکہ

óleo

خوردنی تیل

especiarias

مصالحے

ketchup

کیچپ

mostarda

سرسوں

maionese

میئونیز

supermercado

سُپرمارکیٹ

oferta especial
خصوصی پیشکش
FOR
cliente
گاہک
laticínios
ڈیری
frutas
پھل
carrinho de compras
ٹرالی

açougue

گوشت کی دُکان

padaria

بیکری

pesar

وزن کرنا

legumes

سبزیاں

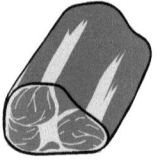

carne

گوشت

congelados

جما ہوا کھانا

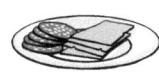

charcutaria

کولڈ کٹس

conservas

ڈبےمیں بند کھانا

detergente em pó

واشنگ پاؤڈر

doces

مٹھائیاں

artigos domésticos

گھریلو مصنوعات

produtos de limpeza

صاف کرنےکیلئےمصنوعات

vendedora

سیلزپرسن

caixa

کیش رجسٹر

caixa

کیشئیر

lista de compras

خریداری کی فہرست

horário de funcionamento

اوقات کار

carteira

بٹوہ

cartão de crédito

کریڈٹ کارڈ

sacola

تھیلا

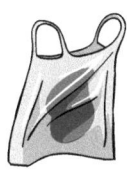

saco plástico

پلاسٹک کےتھیلے

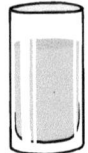

bebidas
مشروبات

água

پانی

suco

جوس، رس

leite

دودھ

coca-cola

کوک

vinho

وائن

cerveja

بیئر

álcool

الکوحل

cacau

کوکوآ

chá

چائے

café

کافی

expresso

ایسپریسو

cappuccino

کیپاچینو

banana

کیلا

maçã

سیب

laranja

مالٹا

melão

خربوزہ

limão

لیموں

cenoura

گاجر

alho

لہسن

bambu

بانس

cebola

پیاز

cogumelo

کھُمبی

nozes

اخروٹ، بادام وغیرہ

macarrão

نوڈلز

espaguete

اسپیگیٹی

arroz

چاول

salada

سلاد

batatas fritas

چپس

batatas frias

تلے گئے آلو

pizza

پیزا

hambúrger

ہیم برگر

sanduíche

سینڈوچ

escalope

کٹلیٹ

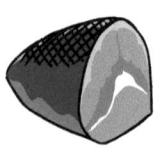

presunto

سؤر کی ران کا گوشت

salame

گوشت کی اطالوی ساسیج

salsicha

ساسیج

galinha

مُرغی

assado

روسٹ

peixe

مچھلی

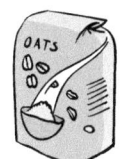

flocos de aveia

جئی کا دلیہ

granola

میوزلی

flocos de milho

کارن فلیکس

farinha

آٹا

croissant

کروئیسنٹ

pãozinho

بریڈ رول

pão

بریڈ

torrada

ٹوسٹ

biscoitos

بسکٹ

manteiga

مکھن

requeijão

دہی

bolo

کیک

ovo

انڈا

ovo frito

فرائی کیا گیا انڈہ

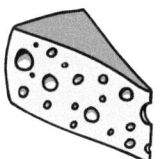

queijo

پنیر

sorvete

آئس کریم

açúcar

چینی

mel

شہد

geleia

جام

creme de avelãs

ناؤگٹ کریم

curry

سالن

fazenda
کھیت

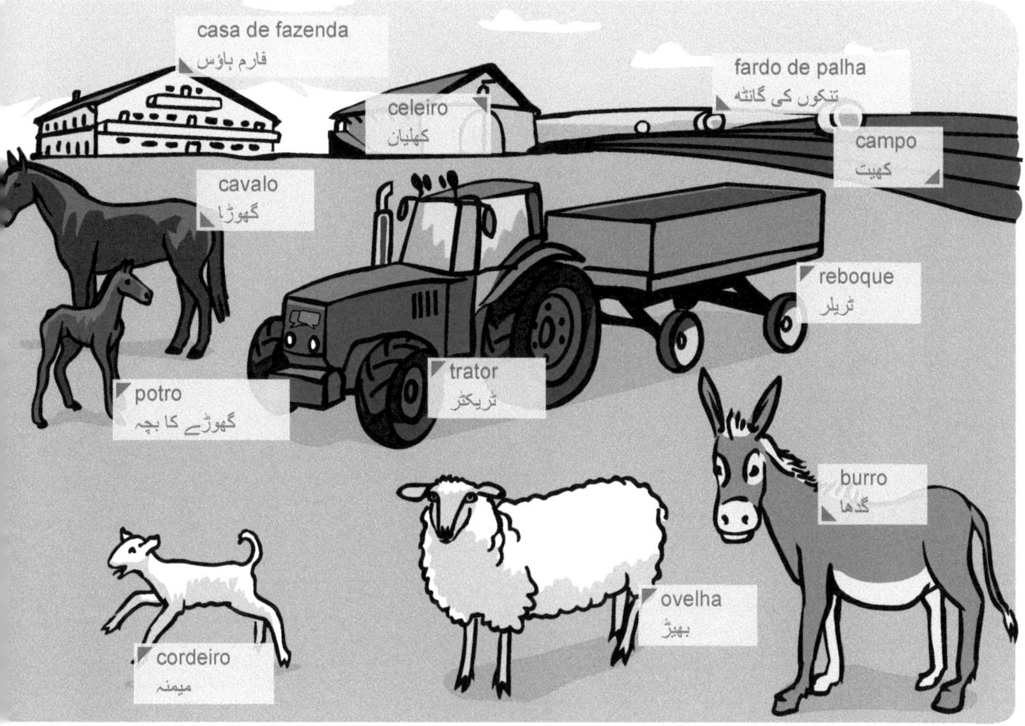

casa de fazenda
فارم ہاؤس
celeiro
کھلیان
fardo de palha
تنکوں کی گانٹھ
campo
کھیت
cavalo
گھوڑا
reboque
ٹریلر
trator
ٹریکٹر
potro
گھوڑے کا بچہ
burro
گدھا
ovelha
بھیڑ
cordeiro
میمنہ

cabra
بکری

vaca
گائے

bezerro
بچھڑا

porco
سؤر

leitão
سؤر کابچہ

touro
سانڈ

fazenda - کھیت 27

ganso

راج ہنس

pato

بطخ

pintinho

چوزہ

galinha

مُرغی

galo

مُرغا

ratazana

چوہا

gato

بلی

camundongo

چوہا

boi

بیلچہ

cachorro

کُتا

casinha do cachorro

کُتے کا گھر

mangueira de jardim

گارڈن ہاؤس

regador

پانی کا کین

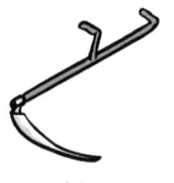

foice

درانتی

arado

ہل

foice

....

درانتی

enxada

....

بیلچہ

forquilha

....

ترنگل

machado

....

کلہاڑا

carrinho de mão

....

ہتھ گاڑی

manjedoura

....

حوض

jarra de leite

....

دودھ کا کین

saco

....

تھیلا

cerca

....

باڑ

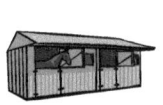

estábulo

....

اصطبل

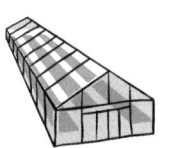

estufa

....

گرین ہاؤس

solo

....

مٹی

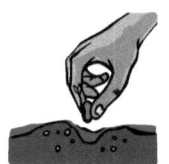

semente

....

بیج

fertilizante

....

فرٹیلائیزر

colheitadeira

....

کمبائن ہارویسٹر

colher

فصل کاٹنا

colheita

فصل کاٹنا

inhame

افریقی آلو

trigo

گندم

soja

سویا

batata

آلو

milho

مکئی

colza

توریا کا تیل

árvore frutífera

پھلداردرخت

mandioca

کساوا

cereais

دلیہ

casa

مکان

chaminé
چمنی
telhado
چھت
calhas de chuva
نیچے جانے والا پائپ
janela
کھڑکی
garagem
گیراج
campainha da porta
دروازے کی گھنٹی
porta
دروازہ
lata de lixo
کوڑے کی ٹوکری
caixa de correspondência
لیٹر باکس
jardim
گارڈن

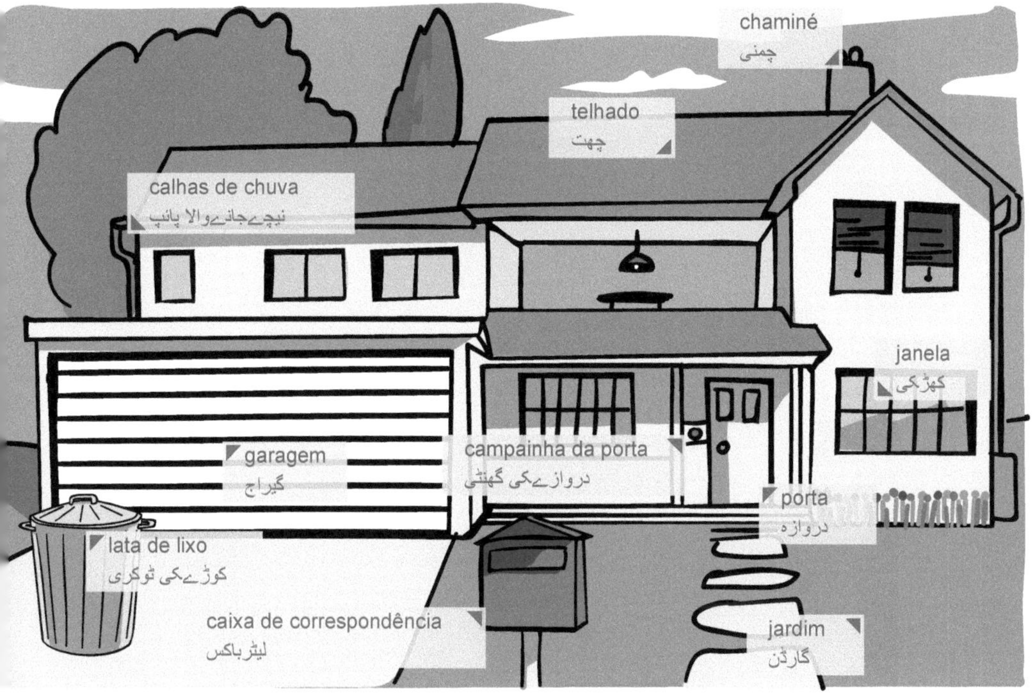

sala de estar

....

لوونگ روم

banheiro

....

غُسل خانہ

cozinha

....

باورچی خانہ

quarto de dormir

....

بیڈروم

quarto de criança

....

بچوں کا کمرہ

sala de jantar

....

کھانے کا کمرہ

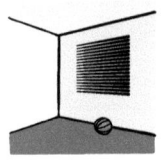

chão

فرش

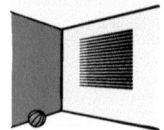

parede

دیوار

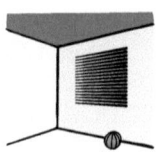

teto

چھت

porão

تہ خانہ

sauna

سوانا

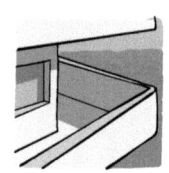

varanda

بالکونی

terraço

ٹیریس

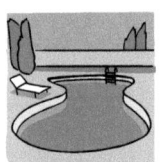

piscina

پول

cortador de grama

گھاس کاٹنے کی مشین

lençol

چادر

coberta

چادر

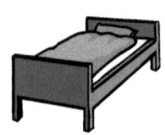

cama

بستر

vassoura

جھاڑو

balde

بالٹی

interruptor

سوئچ

sala de estar
لوونگ روم

papel de parede
وال پیپر
quadro
تصویر
lâmpada
لیمپ
prateleira
شیلف
armário
الماری
televisão
ٹیلی ویژن
lareira
آتش دان
flor
پھول
travesseiro
کُشن
sofá
صوفہ
vaso
گلدان
controle remoto
ریموٹ کنٹرول

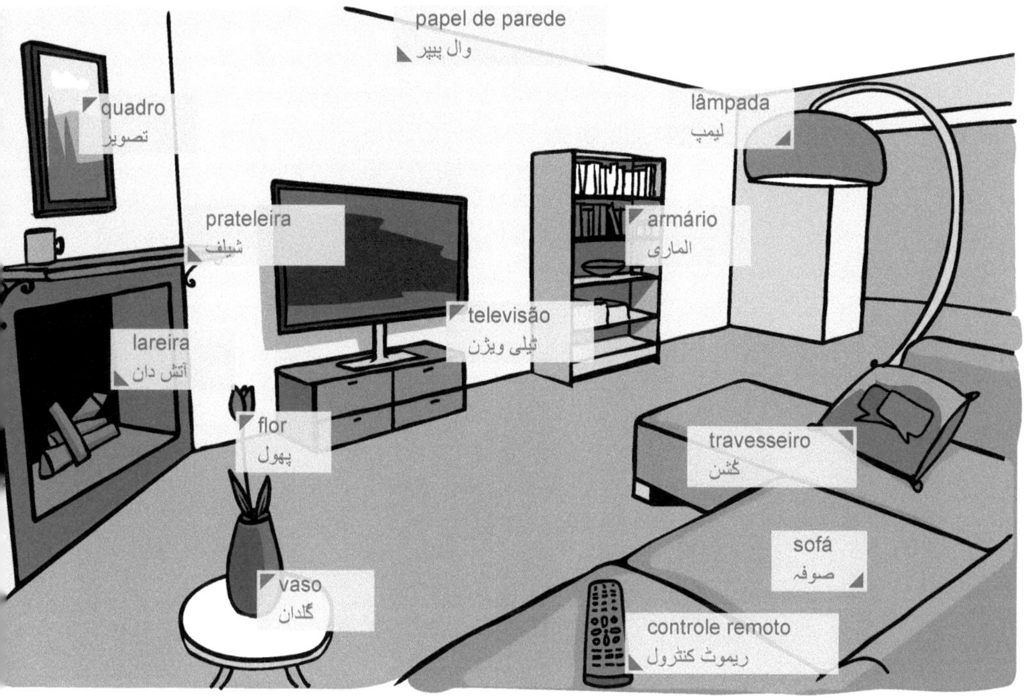

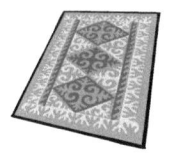

tapete
قالین

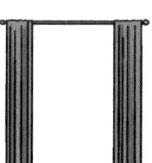

cortina
پردے

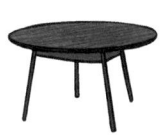

mesa
میز

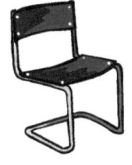

cadeira
کُرسی

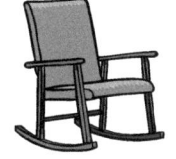

cadeira de balanço
ہلنےوالی کُرسی

poltrona
آرام کُرسی

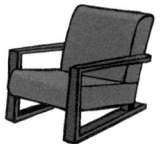

livro

كتاب

cobertor

كمبل

decoração

آرائش

lenha

جلانےکی لکڑی

filme

فلم

equipamento de som

ہائی فائی

chave

چابی

jornal

اخبار

pintura

پینٹنگ

pôster

پوسٹر

rádio

ریڈیو

bloco de notas

نوٹ بُک

aspirador

ویکیوم کلینر

cacto

کیکٹس

vela

موم بتی

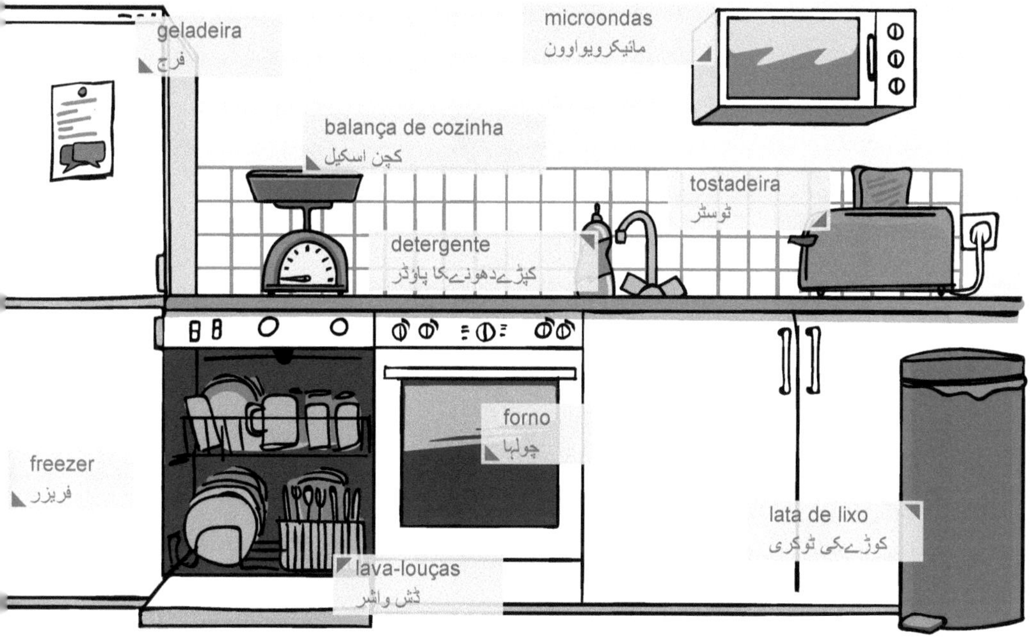

geladeira
فرج
microondas
مائیکروویواوون
balança de cozinha
کچن اسکیل
tostadeira
ٹوسٹر
detergente
کپڑے دھونے کا پاؤڈر
forno
چولہا
freezer
فریزر
lata de lixo
کوڑے کی ٹوکری
lava-louças
ڈش واشر

fogão
ڈکر

panela
برتن

panela de ferro
لوہے کا برتن

wok / kadai
کڑاہی

frigideira
برتن

chaleira
کیتلی

panela a vapor

اسٹیمر

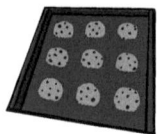

tabuleiro de forno

بیکنگ ٹرے

louça

کراکری

caneca

مگ

caçarola

پیالہ

hashi

چاپ اسٹکس

concha de sopa

ڈوئی

espátula

کفچہ

batedor

جھاڑودینا

escorredor

مقطر

peneira

چھلنی

ralador

گریٹر

almofariz

کونڈی

churrasqueira

باربی کیو

lareira

کھُلی آگ

tábua de cortar

چاپنگ بورڈ

rolo da massa

بیلن

saca-rolhas

کارک اسکریو

lata

کین

abridor de latas

کین اوپنر

pegador de panela

برتن پکڑنےوالا کپڑا

pia

سنک

escova

برش

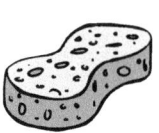

esponja

اسپونج

liquidificador

بلینڈر

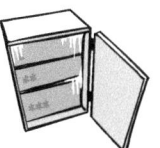

congelador

ڈیپ فریز

mamadeira

بچےکی بوتل

torneira

ٹونٹی

banheiro

غُسل خانہ

aquecimento
ducha
شاور
toalha
تولیہ
cortina de chuveiro
شاورکرٹن
banho de espuma
ببل باتھ
banheira
باتھ ٹب
copo
شیشہ
lava-roupa
واشنگ مشین
torneira
ٹونٹی
azulejos
ٹائلیں
penico
پاٹی
pia
سنک

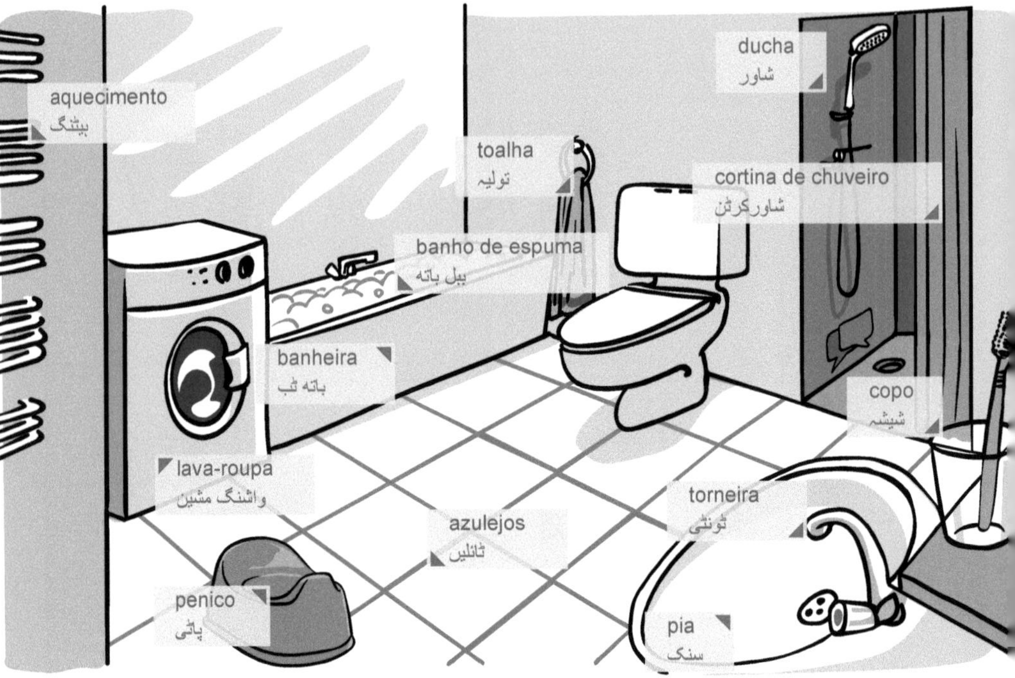

vaso sanitário

ٹائلٹ

lavabo de agachar

دوزانوں بیٹھنےوالی ٹائلٹ

bidê

نچلاحصہ دھونےکیلئےپاٹ

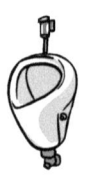

mictório

پیشاب گاہ

papel higiênico

ٹائلٹ پیپر

escova de privada

ٹائلٹ برش

escova de dentes

ٹوتھ برش

pasta de dentes

ٹوتھ پیسٹ

fio dental

ڈینٹل فلاس

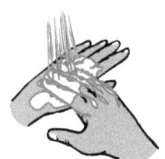

lavar

دھونا

ducha de mão

ہینڈ شاور

ducha íntima

شاور

bacia

بیسن

escova para as costas

بیک برش

sabonete

صابن

gel de banho

شاورجل

xampu

شیمپو

toalha de rosto

فلالین

escoamento

ڈرین

creme

کریم

desodorante

ڈیوڈورنٹ

espelho

آئینہ

espelho de mão

ہاتھ میں پکڑا جانے والا آئینہ

barbeador

ریزر

espuma de barbear

شیونگ فوم

loção pós-barba

آفٹرشیو

pente

کنگھی

escova

برش

secador de cabelo

ہیئرڈرائر

spray de cabelo

ہیئراسپرے

maquiagem

میک اپ

batom

لپ اسٹک

esmalte de unhas

نیل وارنش

algodão

روئی

tesoura para unhas

ناخن کاٹنے کی قینچی

perfume

پرفیوم

nécessaire

واش بیگ

banquinho

پاخانہ

balança

وزن کرنے کی مشین

roupão de banho

باتھ روب

luvas de borracha

ربڑ کے دستانے

absorvente interno

ٹیمپون

absorvente íntimo

سینیٹری ٹاول

banheiro químico

کیمیکل ٹائلٹ

quarto de criança

بچوں کا کمرہ

despertador
الارم کلاک
boneco de pelúcia
کڈلی ٹوائے
carrinho de brinquedo
کھلونا کار
chacoalho
جُھنجھنا
casa de bonecas
گڑیا گھر
presente
موجود

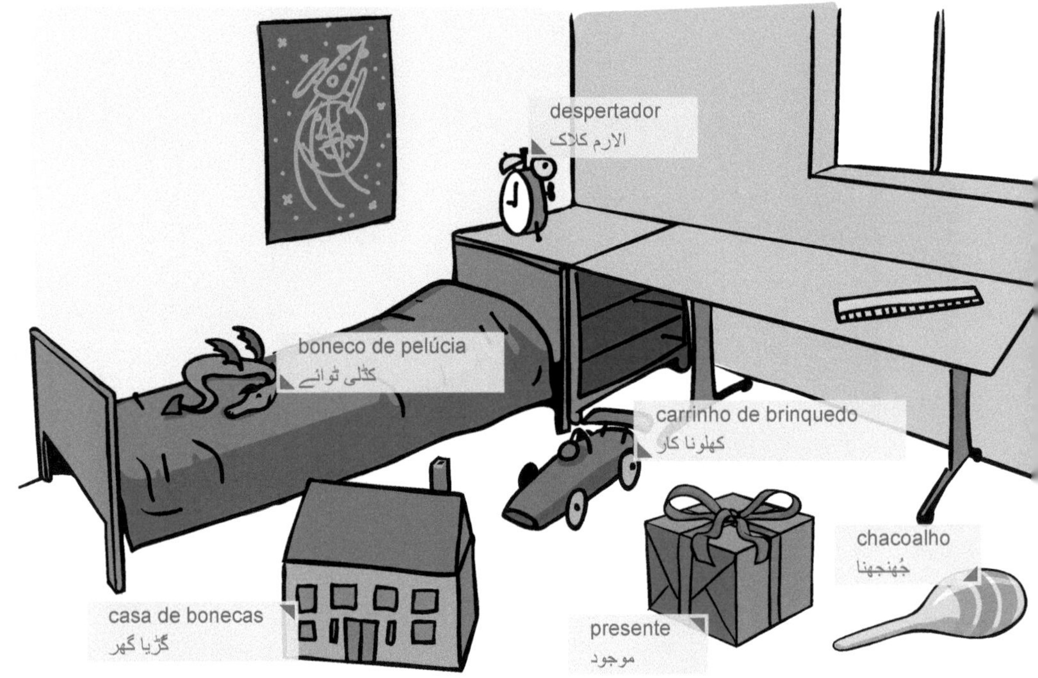

balão

غبارہ

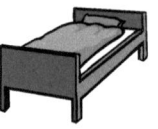

cama

بستر

carrinho de bebê

پرام

jogo de cartas

ڈیک آف کارڈز

quebra-cabeças

جگسا

revista de quadrinhos

کامک

peças de Lego

لیگوبرکس

blocos de construção

کھلونا بلاکس

figura de ação

ایکشن فگر

macaquinho de bebê

بچےکا لباس

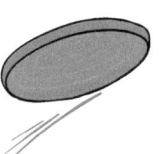

frisbee

فرسبی

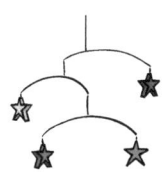

móbile para bebé

کھلونا موبائل

jogo de tabuleiro

بورڈ گیم

dados

ڈائس

trenzinho elétrico

ماڈل ٹرین سیٹ

chupeta

ڈمی

festa

پارٹی

livro ilustrado

تصاویروالی کتاب

bola

گیند

boneca

گڑیا

brincar

کھیلنا

caixa de areia

سینڈ پٹ

balanço

جھولا جھولنا

brinquedos

کھلونے

videogame

وڈیوگیم کنسول

triciclo

تین پہیوں والی سائیکل

ursinho de pelúcia

ٹیڈی بیئر

guarda-roupa

کپڑوں کی الماری

vestuário

لباس

meias

موزے

meias pelo joelho

اسٹاکنگز

meias-calças

ٹائٹس

cachecol
اسکارف

guarda-chuva
چھتری

camiseta
ٹی شرٹ

cinto
بیلٹ

botas
بوٹ

chinelos
سلیپر

tênis
اسنیکرز

sandálias
سینڈل

sapatos
جوتے

botas de borracha
ربڑ کے بوٹس

roupa de baixo
زیرجامہ

sutiã
بریزئیر

camiseta de baixo
واسکٹ

body

جسم

calças

پتلون

jeans

جینز

saia

اسکرٹ

blusa

بلاؤز

camisa

قمیض

pulôver

پُل اوور

suéter com capuz

سویٹر

blazer

بلیزر

jaqueta

جیکٹ

casaco

کوٹ

gabardine

رین کوٹ

traje

کوئی خاص لباس

vestido

لباس

vestido de casamento

شادی کا لباس

terno

سوٹ

camisola

نائٹ گاؤن

pijama

پائجامہ

sari

ساڑھی

lenço de cabeça

سرپرلیا جانےوالا اسکارف

turbante

پگڑی

burca

بُرقع

cafetã

کفتان

abaya

عبایہ

maiô

تیراکی کا سوٹ

sunga

ٹرنک

shorts

نیکر

roupa de treino

ٹریک سوٹ

avental

اپرن

luvas

دستانے

botão

بٹن

óculos

عینک

pulseira

کنگن

colar

ہار

anel

انگوٹھی

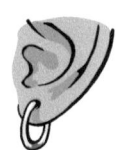

brinco

کانوں کی بالیاں

boné

ٹوپی

cabide

کوٹ ہینگر

chapéu

ہیٹ

gravata

ٹائی

zíper

زپ

capacete

ہیلمٹ

suspensórios

بریسز

uniforme escolar

سکول یونیفارم

uniforme

وردی

babador

بب

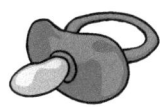

chupeta

ڈمی

fralda

نیپی

escritório

دفتر

servidor
سرور
armário de arquivos
فائلوں کی الماری
papel
کاغذ
impressora
پرنٹر
monitor
مانیٹر
mouse
ماؤس
escrivaninha
میز
pasta
فولڈر
teclado
کی بورڈ
cesto de lixo
ویسٹ پیپرباسکٹ
computador
کمپیوٹر
cadeira

xícara de café

کافی مگ

calculadora

کیلکولیٹر

internet

انٹرنیٹ

laptop

لیپ ٹاپ

carta

خط

mensagem

پیغام

celular

موبائل

rede

نیٹ ورک

copiadora

فوٹوکاپئیر

software

سافٹ ویئر

telefone

ٹیلی فون

tomada

پلگ ساکٹ

fax

فیکس مشین

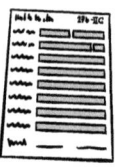

formulário

فارم

documento

دستاویز

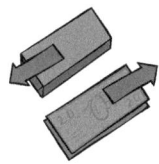

comprar

خریدنا

pagar

ادائیگی کرنا

negociar

تجارت کرنا

dinheiro

رقم

Dólar

ڈالر

Euro

یورو

Yen

ین

rublo

روبل

franco suíço

سوئس فرانک

renminbi yuan

رینمنبی یوآن

rupia

روپیہ

caixa eletrônico

کیش پوائنٹ

casa de câmbio

رقم تبدیل کرانے کیلئے دفتر

ouro

سونا

prata

چاندی

petróleo

خام تیل

energia

توانائی

preço

قیمت

contrato

معاہدہ

imposto

ٹیکس

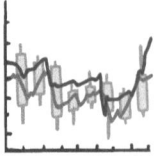

ação

اسٹاک

trabalhar

کام کرنا

empregado

ملازم

empregador

آجر

fábrica

فیکٹری

loja

دکان

profissões

پیشے

policial
پولیس افسر
bombeiro
فائرمین
cozinheiro
خانساماں، کُک
médico
ڈاکٹر
piloto
پائلٹ

jardineiro

مالی

marceneiro

ترکھان

costureira

درزن

juiz

جج

químico

کیمسٹ

ator

اداکار

motorista de ônibus

بس ڈرائیور

motorista de táxi

ٹیکسی ڈرائیور

pescador

مچھیرا

faxineira

صفائی کرنےوالی عورت

telhador

چھت بنانےوالا

garçom

ویٹر

caçador

شکاری

pintor

پینٹر

padeiro

بیکر

eletricista

الیکٹریشین

construtor

بلڈر

engenheiro

انجینئیر

açougueiro

قصائی

encanador

پلمبر

carteiro

ڈاکیا

soldado

سپاہی

arquiteto

آرکیٹیکٹ

caixa

کیشئیر

florista

پھول بیچنےوالا

cabelereiro

نائی

condutor

کنڈکٹر

mecânico

مکینک

capitão

کپتان

dentista

ڈینٹسٹ

cientista

سائنسدان

rabino

یہودی عالم

imam

امام

monge

راہب

pastor

پادری

ferramentas
اوزار

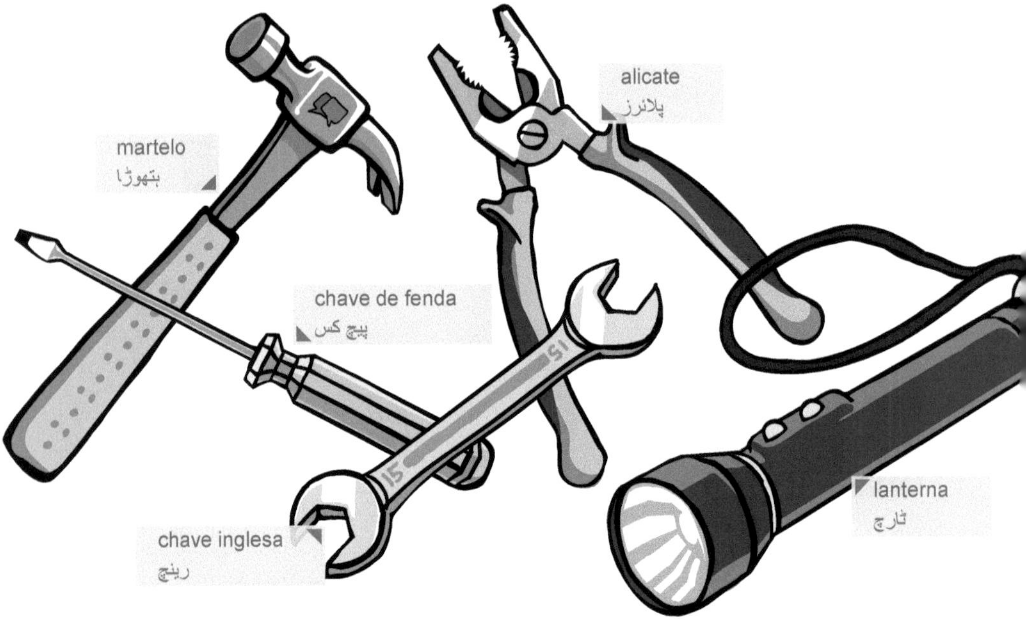

alicate
پلائرز
martelo
ہتھوڑا
chave de fenda
پیچ کس
chave inglesa
رینچ
lanterna
ٹارچ

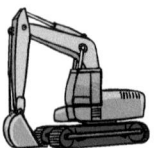

escavadora

ایکسکویٹر

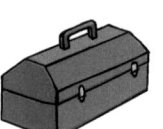

caixa de ferramentas

ٹول باکس

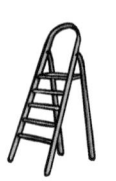

escada de mão

سیڑھی

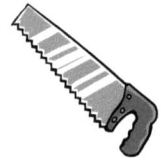

serra

آری

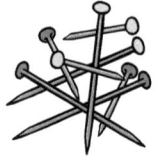

pregos

کیل

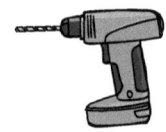

furadeira

ڈرل

consertar

مرمت کرنا

pá

بیلچہ

Droga!

لعنت ہو!

pá de lixo

ڈسٹ پین

pote de tinta

پینٹ پاٹ

parafusos

پیچ

instrumentos musicais

آلات موسیقی

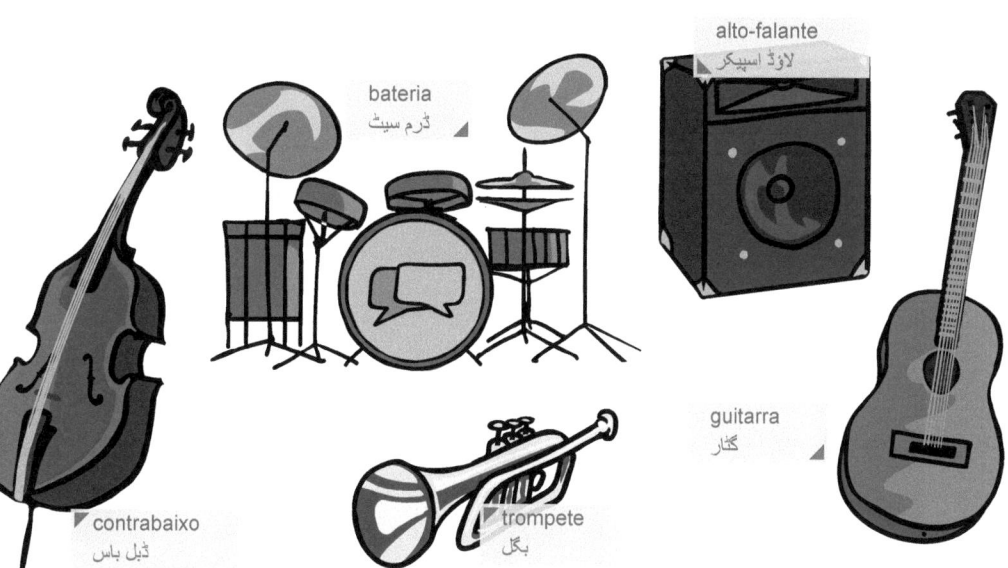

alto-falante

لاؤڈ اسپیکر

bateria

ڈرم سیٹ

guitarra

گٹار

contrabaixo

ڈبل باس

trompete

بگل

piano

پيانو

violino

وائلن

baixo

موسيقى كى آواز

timbales

ٹمپانى

tambor

ڈھول، ڈرمز

teclado

کى بورڈ

saxofone

سيكسوفون

flauta

بانسرى

microfone

مائيكروفون

zoológico
چڑیا گھر

entrada
داخلے کا راستہ
tigre
چیتا
gaiola
پنجرہ
zebra
زیبرا
ração animal
جانوروں کا چارہ
panda
پانڈا

animais
جانور

elefante
ہاتھی

canguru
کینگرو

rinoceronte
گینڈا

gorila
گوریلا

urso
ریچھ

camelo

اونٹ

avestruz

شُترمُرغ

leão

شیر

macaco

بندر

flamingo

فلیمنگو

papagaio

طوطا

urso polar

قطبی ریچھ

pinguim

کبوتر

tubarão

شارک

pavão

مور

cobra

سانپ

crocodilo

مگرمچھ

guarda do zoológico

چڑیا گھر کا محافظ

foca

سیل

jaguar

امریکی تیندوا

pônei

ٹٹو

leopardo

چیتا

hipopótamo

دریائی گھوڑا

girafa

زرافہ

águia

عقاب

javali

سؤر

peixe

مچھلی

tartaruga

کچھوا

morsa

سمندری گھوڑا

raposa

لومڑی

gazela

غزال ہرن

esportes

کھیلیں

futebol americano
امریکن فٹ بال
ciclismo
سائیکلنگ
tênis
ٹینس
basquete
باسکٹ بال
natação
پیراکی
boxe
باکسنگ
hóquei no gelo
آئس ہاکی

futebol

فٹ بال

badminton

بیڈمنٹن

atletismo

اتھلیٹکس

handebol

ہینڈ بال

esqui

اسکیئنگ

polo

پولو

lar
چھلانگ
rir
ہنسنا
abraçar
گلے لگانا
cantar
گانا
andar
چلنا
sonhar
خواب دیکھنا
rezar
دُعا کرنا
beijar
چُومنا

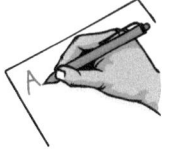

escrever
لکھنا

desenhar
تصویرکشی کرنا

mostrar
دکھانا

empurrar
آگے کی طرف دھکیلنا

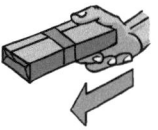

dar
دینا

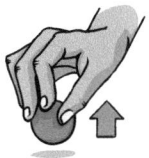

tomar
لینا

ter

رکھنا

fazer

کرنا

ser

ہونا

ficar de pé

کھڑا ہونا

correr

دوڑنا

puxar

کھینچنا

jogar

پھینکنا

cair

گرنا

deitar

جھوٹ بولنا

esperar

انتظارکرنا

carregar

اُٹھانا

sentar

بیٹھنا

vestir

ملبوس ہونا

dormir

سونا

despertar

جاگنا

olhar para

دیکھنا

chorar

رونا

acariciar

چوٹ لگانا

pentear

کنگھی کرنا

falar

بات کرنا

entender

سمجھنا

perguntar

پوچھنا

ouvir

مُتوجہ ہونا

beber

پینا

comer

کھانا

arrumar

صاف کرنا

amar

پیارکرنا

cozinhar

پکانا

dirigir

گاڑی چلانا

voar

اُڑنا

velejar

بحری سفر کرنا

calcular

شمار کریں

ler

پڑھنا

aprender

سیکھنا

trabalhar

کام کرنا

casar

شادی کرنا

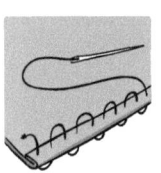

costurar

سینا

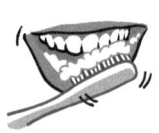

escovar os dentes

دانت صاف کرنا

matar

جان سے ماردینا

fumar

تمباکو نوشی کرنا

enviar

بھیجنا

família

خاندان

avó
دادی
avô
دادا
pai
باپ
mãe
bebê
طفل
filha
بیٹی
filho
بیٹا

convidado

مہمان

tia

چچی

tio

چچا

irmão

بھائی

irmã

بہن

corpo

جسم

testa
ماتھا
olho
آنکھ
ombro
کندھا
dedo
انگلی
rosto
چہرہ
queixo
ٹھوڑی
mão
ہاتھ
peito
چھاتی
perna
ٹانگ
braço
بازو

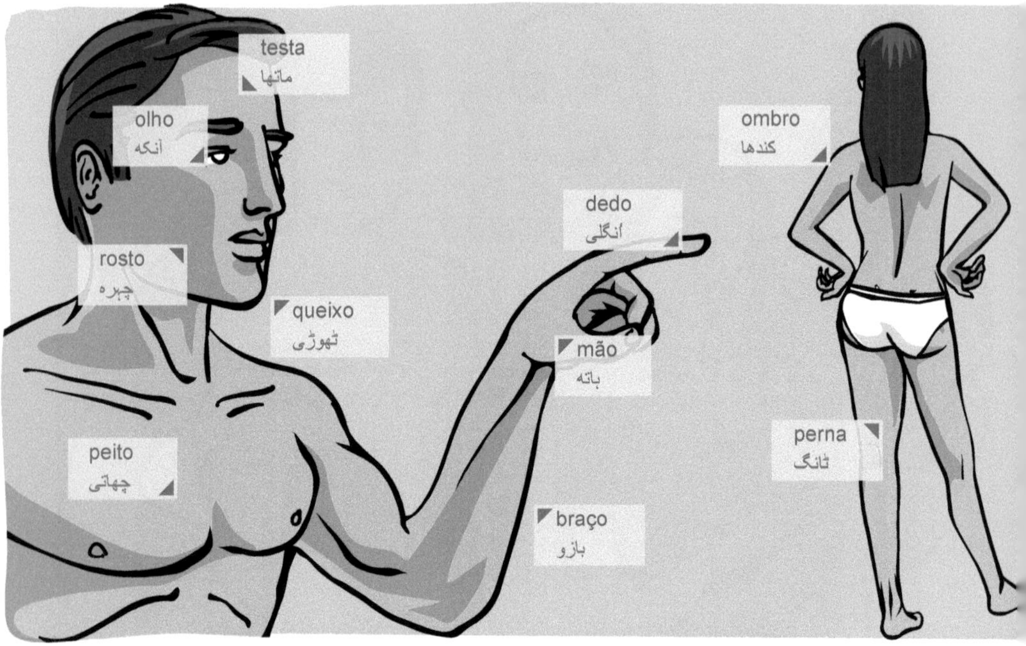

bebê

طفل

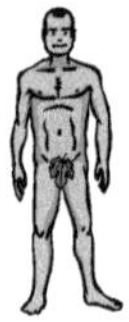

homem

آدمی

mulher

عورت

menina

لڑکی

menino

لڑکا

cabeça

سر

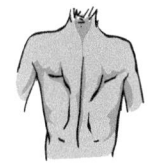

costas

....

کمر

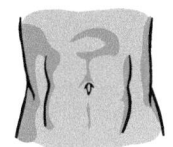

barriga

....

پیٹ

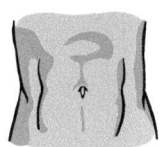

umbigo

....

ناف

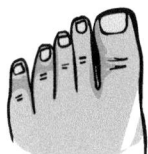

dedo do pé

....

پاؤں کا انگوٹھا

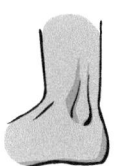

calcanhar

....

ایڑھی

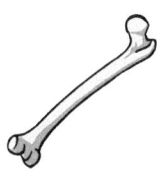

osso

....

ہڈی

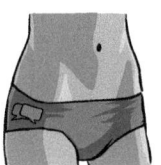

anca

....

کولہا

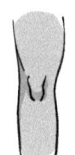

joelho

....

گھٹنا

cotovelo

....

کہنی

nariz

....

ناک

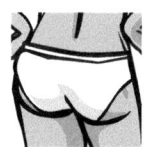

nádegas

....

نچلا حصہ

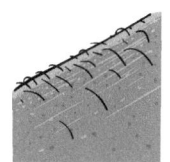

pele

....

جلد

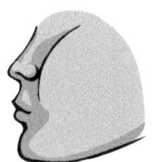

bochecha

....

گال

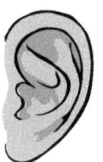

orelha

....

کار

lábio

....

ہونٹ

boca

مُنہ

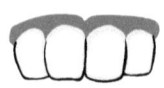

dente

دانت

língua

زُبان

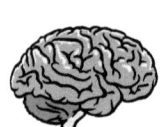

cérebro

دماغ

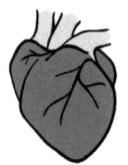

coração

دل

músculo

پٹھہ

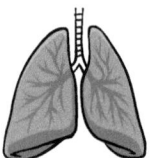

pulmão

پھیپھڑا

fígado

جگر

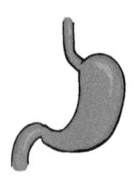

estômago

معدہ

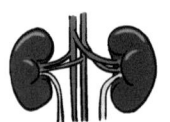

rins

گردے

relações sexuais

جنس

preservativo

کنڈوم

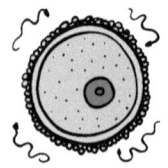

óvulo

بیضہ

esperma

مادہ منویہ

gravidez

حمل

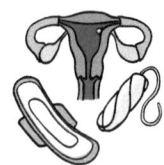

menstruação

....

حیض

vagina

....

اندام نہانی

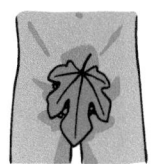

pênis

....

عضوتناسل

sobrancelha

....

بھنویں

cabelo

....

بال

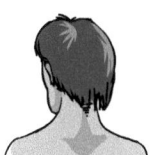

pescoço

....

گردن

hospital

ہسپتال

ہسپتال
ambulância
ایمبولینس
cadeira de rodas
وہیل چیئر
fratura
ہڈی ٹوٹنا

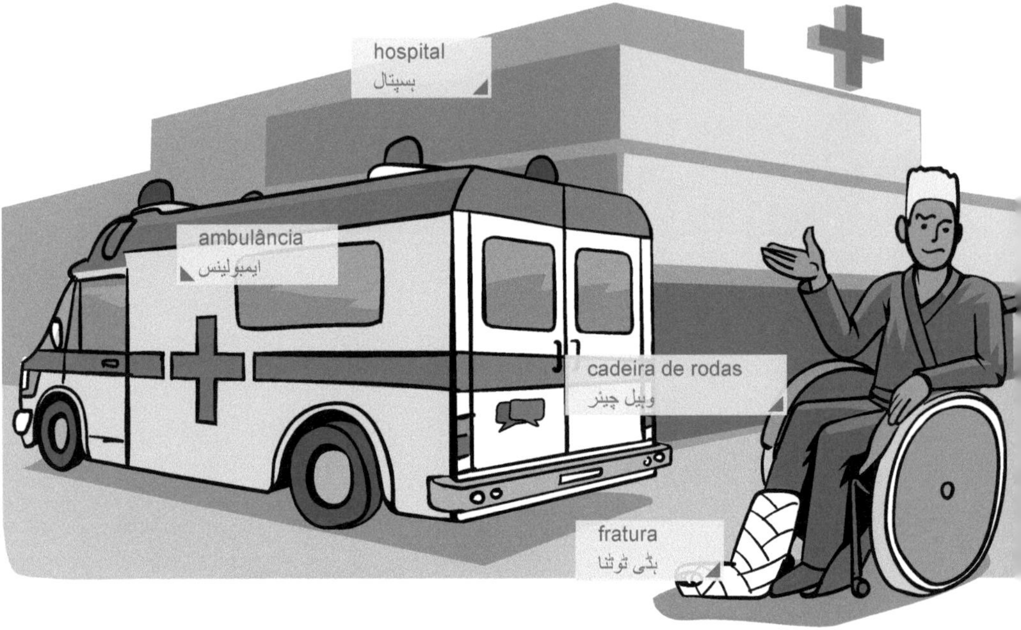

médico

ڈاکٹر

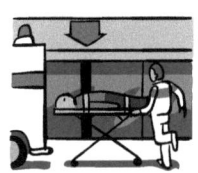

pronto-socorro

ہنگامی کمرہ

enfermeira

نرس

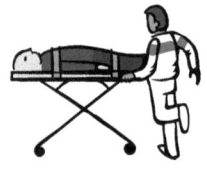

emergência

ہنگامی صورتحال

inconsciente

بےہوش

dor

درد

ferimento

زخم

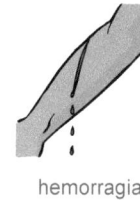

hemorragia

خون بہنا

ataque cardíaco

دل کا دورہ

acidente vacular cerebral

فالج

alergia

الرجی

tosse

کھانسی

febre

بخار

gripe

زکام

diarreia

اسہال

dor de cabeça

سردرد

câncer

کینسر

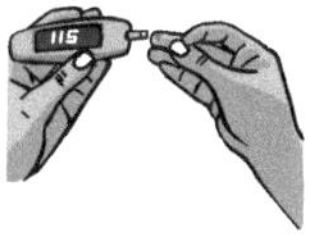

diabetes

ذیابیطس

cirurgião

سرجن

bisturi

نشتر

operação

آپریشن

CT

سی ٹی

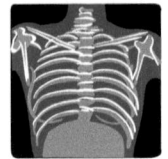

raio x

ایکس رے

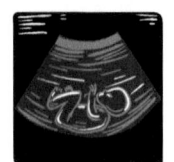

ultrassom

الٹراساؤنڈ

máscara

چہرے کا نقاب

doença

بیماری

sala de espera

انتظارگاہ

muleta

بیساکھی

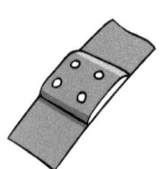

bandeide

پلاسٹر

ligadura

پٹی

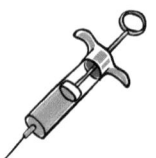

injeção

انجکشن

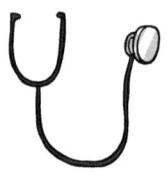

estetoscópio

اسٹیتھو اسکوپ

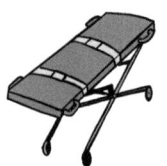

maca

اسٹریچر

termômetro

مطبی تھرما میٹر

nascimento

پیدائش

excesso de peso

حد سے زیادہ وزن

aparelho auditivo

آلہ سماعت

desinfetante

جراثیم کش

infecção

انفیکشن

vírus

وائرس

HIV / AIDS

ایچ آئی وی/ ایڈز

medicamento

دوا

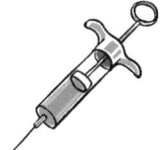

vacinação

ویکسی نیشن

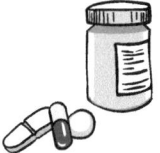

comprimidos

گولیاں

pílula

گولی

chamada de emergência

ہنگامی کال

dispositivo de medição de
pressão arterial

بلڈ پریشرمانیٹر

doente / saudável

بیمار/ صحتمند

emergência
ہنگامی صورتحال

Socorro!

مدد!

alarme

الارم

assalto

مُجرمانہ حملہ

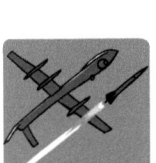

ataque

حملہ

perigo

خطرہ

saída de emergência

ہنگامی راستہ

Fogo!

آگ!

extintor de incêndios

آگ بُجھانےوالہ آلہ

acidente

حادثہ

maleta de primeiros socorros

ابتدائی طبی امداد کی کٹ

SOS

ایس او ایس

polícia

پولیس

Terra
زمین

Europa

یورپ

América do Norte

شمالی امریکہ

América do Sul

جنوبی امریکہ

África

افریقہ

Ásia

ایشیا

Austrália

آسٹریلیا

Atlântico

بحراوقیانوس

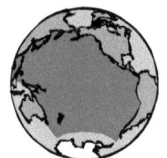

Pacífico

بحرالکاہل

Oceano Índico

بحرہند

Oceano Antártico

بحرقطب جنوبی

Oceano Ártico

بحرقُطب شمالی

Polo Norte

قُطب شمالی

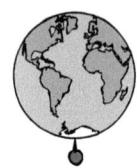

Polo Sul

قُطب جنوبى

Antártica

انٹارکٹیکا

Terra

زمین

terra

زمین

mar

سمندر

ilha

جزیرہ

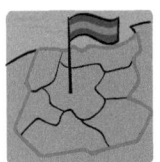

nação

قوم

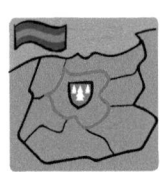

estado

ریاست

relógio
کلاک

mostrador do relógio

کلاک کا سامنےکا حصہ

ponteiro das horas

گھنٹوں والی سوئی

ponteiro dos minutos

منٹوں والی سوئی

ponteiro dos segundos

سیکنڈ ہینڈ

Que horas são?

کیا وقت ہوا ہے؟

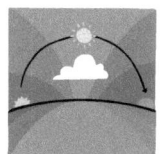

dia

دن

tempo

وقت

agora

اب

relógio digital

ڈیجیٹل گھڑی

minuto

منٹ

hora

گھنٹہ

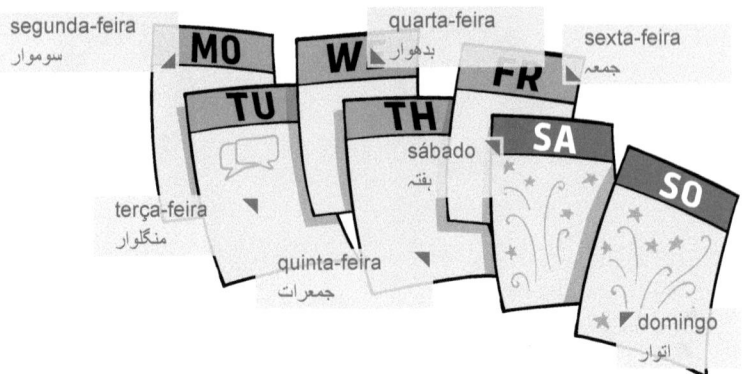

segunda-feira
سوموار

quarta-feira
بدھوار

sexta-feira
جمعہ

terça-feira
منگلوار

quinta-feira
جمعرات

sábado
ہفتہ

domingo
اتوار

ontem

گزرا کل

hoje

آج

amanhã

کل

manhã

صبح

meio-dia

دوپہر

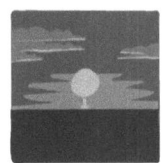

entardecer

شام

MO	TU	WE	TH	FR	SA	SU
1	2	3	4	5	6	7
8	9	10	11	12	13	14
15	16	17	18	19	20	21
22	23	24	25	26	27	28
29	30	31	1	2	3	4

dias úteis

کاروباری دن

MO	TU	WE	TH	FR	SA	SU
1	2	3	4	5	6	7
8	9	10	11	12	13	14
15	16	17	18	19	20	21
22	23	24	25	26	27	28
29	30	31	1	2	3	4

fim de semana

ہفتے کا اختتام

chuva
بارش
arco-íris
قوس قزح
vento
بوا
neve
برف
primavera
بہار
outono
verão
موسم گرما
inverno
موسم سرما

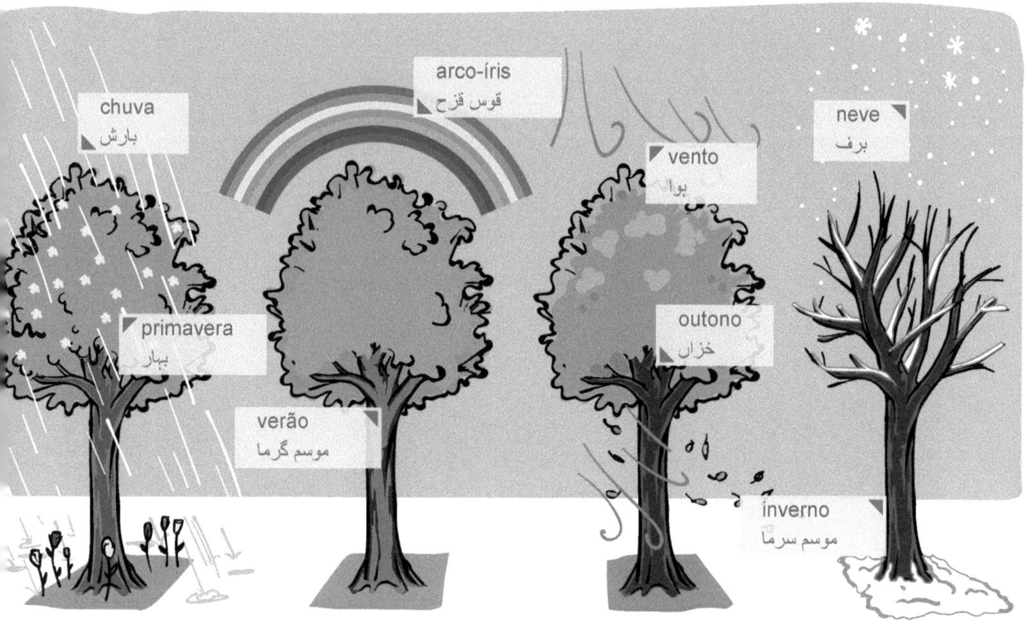

previsão do tempo

موسمی پیش گوئی

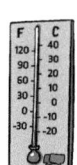

termômetro

تھرما میٹر

raio de sol

دھوپ

nuvem

بادل

neblina / nevoeiro

دُھند

umidade do ar

حبس

relâmpago

بجلی کوندھنا

trovão

بادلوں کی گرج

tempestade

طوفان

granizo

ژالہ باری

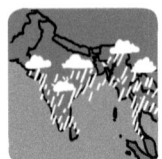

monção

مون سون

inundação

سیلاب

gelo

برف

janeiro

جنوری

fevereiro

فروری

março

مارچ

abril

اپریل

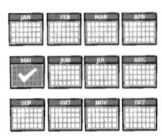

maio

مئی

junho

جون

julho

جولائی

agosto

اگست

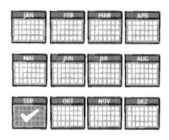

setembro

ستمبر

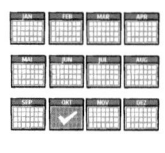

outubro

اکتوبر

novembro

نومبر

dezembro

دسمبر

formas

اشکال

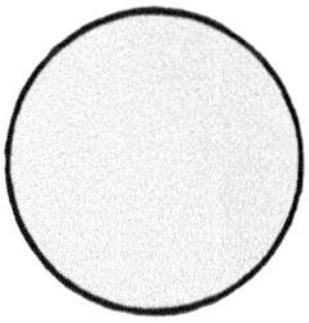

círculo

دائره

quadrado

چوکور

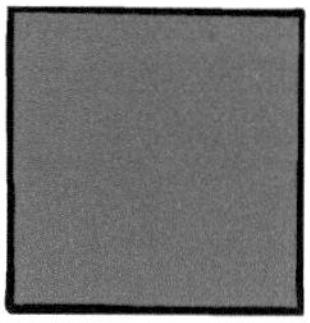

retângulo

مُستطیل

triângulo

تکون

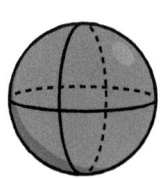

esfera

گره

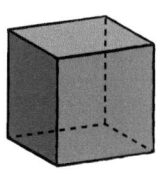

cubo

مکعب

cores
رنگ

branco

....

سفید

amarelo

....

پیلا

laranja

....

نارنجی

rosa

....

گلابی

vermelho

....

سُرخ

lilás

....

جامنی

azul

....

نیلا

verde

....

سبز

marrom

....

بھورا

cinza

....

مٹیالا

preto

....

سیاہ

opostos
مخالف

muito / pouco

بہت زیادہ / بہت کم

furioso / tranquilo

ناراض / پُرسکون

lindo / feio

خوبصورت / بدصورت

começo / fim

آغاز / اختتام

grande / pequeno

بڑا / چھوٹا

claro / escuro

روشن / اندھیرا

irmão / irmã

بھائی / بہن

limpo / sujo

صاف / گندا

completo / incompleto

مکمل / نامکمل

dia / noite

دن / رات

morto / vivo

زندہ / مُردہ

largo / estreito

چوڑا / تنگ

comestível / não comestível

کھانےکےقابل ہونا / کھانےکےقابل نہ ہونا

mau / gentil

بُرا / اچھا

entusiasmado / entediado

پُرجوش / بوریت کا شکار

gordo / magro

موٹا / دُبلا

primeiro / último

پہلا / آخری

amigo / inimigo

دوست / دُشمن

cheio / vazio

بھرا ہوا / خالی

duro / macio

سخت / نرم

pesado / leve

بوجھل / ہلکا

fome / sede

بھوک / پیاس

doente / saudável

بیمار / صحتمند

ilegal / legal

غیرقانونی / قانونی

inteligente / idiota

عقلمند / بیوقوف

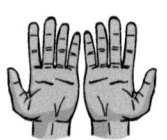

esquerda / direita

بائیں / دائیں

perto / longe

نزدیک / دور

novo / usado

نیا / پُرانا

nada / alguma coisa

کچھ نہیں / کچھ ہے

velho / jovem

بوڑھا / نوجوان

ligado / desligado

آن / آف

aberto / fechado

کُھلا / بند

baixo / alto

خاموش / بُلند آواز

rico / pobre

امیر / غریب

certo / errado

ٹھیک / غلط

áspero / liso

کھُردرا / ہموار

triste / feliz

افسردہ / خوش

curto / longo

مُختصر / طویل

lento / rápido

آہستہ / تیز

molhado / seco

گیلا / خُشک

ameno / fresco

گرم / ٹھنڈا

guerra / paz

جنگ / امن

números

اعداد

0

zero

صفر

1

um

ایک

2

dois

دو

3

três

تین

4

quatro

چار

5

cinco

پانچ

6

seis

چھ

7

sete

سات

8

oito

آٹھ

9

nove

نو

10

dez

دس

11

onze

گیارہ

12

doze

باره

13

treze

تیره

14

quatorze

چوده

15

quinze

پندره

16

dezesseis

سولہ

17

dezessete

ستره

18

dezoito

اٹھاره

19

dezenove

اُنیس

20

vinte

بیس

100

cem

سو

1.000

mil

ہزار

1.000.000

milhão

دس لاکه

idiomas
زبانیں

inglês

انگریزی

inglês americano

امریکی انگریزی

chinês mandarim

چینی مینڈارین

hindi

ہندی

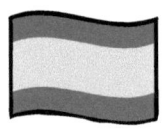

espanhol

ہسپانوی

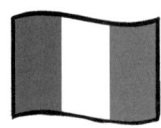

francês

فرانسیسی

árabe

عربی

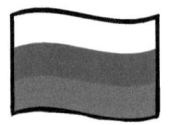

russo

روسی

português

پُرتگالی

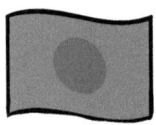

bengalês

بنگالی

alemão

جرمن

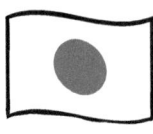

japonês

جاپانی

quem / o quê / como

کون / کیا / کیسے

eu

میں

você

تم

ele / ela

وہ (لڑکا) / وہ (لڑکی) / یہ

nós

ہم

vocês

تم

eles / elas

وہ

quem?

کون؟

O quê?

کیا؟

como?

کیسے؟

onde?

کہاں؟

Quando?

کب؟

nome

نام

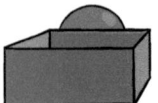

onde

کہاں

atrás

پیچھے

em

میں

na frente de

کےسامنے

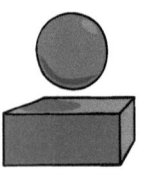

sobre

اوپر

em cima

پر

debaixo

نیچے

do lado

ساتھ

entre

درمیان

lugar

جگہ